더듬이를 세우다

김미정 시조집

이 도서의 국립중앙도서관 출판예정도서목록(CIP)은 서지정보유통지원시스템 홈페이지(http://seoji.nl.go.kr)와 국가자료공동목록시스템(http://www.nl.go.kr/kolisnet)에서 이용하실 수 있습니다.(CIP제어번호: CIP2016024136)

더듬이를 세우다

지은이 · 김미정
펴낸이 · 민병도
펴낸곳 · 목언예원

초판 인쇄 : 2016년 10월 10일
초판 발행 : 2016년 10월 15일

목언예원
출판등록 : 2003년 2월 28일 제8호
경북 청도군 금천면 선바위길 53 (신지2리 390-2)
전화 : 054-371-3544 (팩스겸용)
E-mail : mbdo@daum.net

ISBN 978-89-94733-45-6 03810

저자와의 협의에 의해 인지를 생략합니다.
본 도서는 2015년 서울문화재단 창작기금 지원사업으로 발간 되었습니다.

가격 : 10,000원

더듬이를 세우다

김미정 시조집

■ 시인의 말

그 후 5년,
또 다른 나를 찾아 떠나온 길

햇살 속에서
바람 속에서
눈물 속에서
해무 속에서

내 안의 고요한 힘을 믿고,
또다시 떠나야한다

김 미 정

CONTENTS

더듬이를 세우다

— 김미정 시조집

PART 02 | 향기만을 되묻는 • 29

01 두근두근

세 마디

숨은 뜻은 모르는데 말은 늘 아끼시던

어, 하고 전화 받고

그래, 한번 끄덕이고

끊어라, 하며 휘갑치는

굵고 짧은

세 마디

지상의 오랜 시간 아버지가 남기신 말

기억은 울림이 되어

행간을 넓혀가네

속귀에 녹아내리는

무뚝뚝한

세 마디

나목裸木

곧거나 휘굽은 등 수령에 상관없지

근육질 뿌리만큼 갈라진 발뒤꿈치

남루를 벗어던지고 흠뻑 젖는 대중탕

푸르게 나부끼던 수풀을 빠져나와

감출 것 하나 없는 탕 속으로 뛰어들지

물오른 나무순 두엇 채색하는 꿈꾸지

하이힐

위태로운 한 생애 몸을 맡긴 허공에서
헛짚은 순간마다 기우는 젖은 날개

비탈진 언덕길 아래로
긴 그림자
내
린
다

곁눈 없이 올라가 내 것인 양 붙들고 선
그 높이 먼 풍경이 아슴아슴 가파르다

한걸음 지울 수 없는 소리
눈을 감네,
똑
똑
똑

무섬의 여자

누구나 무섬에 와선 물위를 걷는다

종소리 날개위로 금빛 노을이 질 때

물에도 뼈가 있을까, 외나무다리 저 그늘

누구나 무섬에서는 은빛으로 물든다

두 눈이 부시도록 소리 없이 빛나는

그 여자, 눈물속의 길을 두근두근 걷는다

봄밤

눈길 채 닿기도 전에
피고 지는
꽃술아

갸웃 깜빡 했을 뿐, 달아난 달그림자

그 틈새 다물어버린
너의 작은
입술아

김밥

색색이 함께라면 가지런히 누워서

일획의 꿈을 안고 부둥켜 힘껏 말지

돌돌돌 어디를 굴러도 떨어지지 않을 밥알

검은 빛을 배면으로 고슬고슬 윤이 나도

욕심껏 부풀리면 옆구리 곧 터질 테지

엄마 손 놓지 못하고 가지런히 누워서

악수

아내가 남기고 간
일기장 끝줄에서

간신히 빠져나와 돌아서니 평행선이다

저 혼자
남겨진 까닭이
아슬아슬한 황보氏

실마리를 찾아 나선
생각의 갈피마다

중심은 멀어지고 곁가지에 서럽다

등 돌려
손 내미는 자리
발가벗은 햇살에

누드

감추고
싶었던 건
마음뿐이
아닙니다

내 안과
바깥 사이
둘 수 없는
한 점 위를

파르르
가 닿는 붓끝
저 무모한
떨림에

포옹

소리쳐 껴안아도 까마득한 침묵인데

그 곧은 스무 살에
굳게 잠긴
군번줄

시간을 돌려보내면
명치끝이 풀릴까

차마 놓지 못해서 슬피 놓쳐버린

살아서 그리지 못한
무채색 꿈은
어디로

갓밝이 푸른빛 아래
마디마디
다 젖네

금낭화

머리에서 발끝까지 잠시 머문 목덜미
닿는 대로 깊어져 두근대는 공기마저
당신이 손질해 놓은 주머니에 담긴다

어둠이
털어버린
속내,
이슬 맺히고

무작정
따라나선
신 새벽
한 줄기 빛

그리운
자리마다에
하나하나
꽃 핀다

섬
–여자 6

그녀, 늘

목이 말라

달빛에

출렁이는

그 빛을 그러당겨

한 몸에 차오르는

마지막

꽃물 지우고

우두커니

여울지는

빈 젖
–여자 7

어미가 되기까지

맹목으로 솟아올랐지

골짝을 빠져나간

아롱다롱 육남매

아무도

붙들어 맬 수 없는

바람 소리

물소리

춤

종일 장맛비가 소리란 소리 다 지워
닿는 순간 땅위에 북받쳐 풀어진다
어디로 흐를 것인가 젖은 몸과 마음은

젖을 대로 젖어서 부풀어 오른 공기
바람이 부는 대로 휘모리 풍물 친다
어디쯤 머물 수 있을까 마디마디 전율에

소리를 삼킨 장막 안과 밖을 놓친다
조금만 굽어들면 혼자가 아니기에
어깨를 빗나가는 곡조, 잇박자에 기울어

데칼코마니

마네킹과
소년 사이
신호등이 멈춘다

3호선
공사 중 팻말,
손전등을 흔드는

방치된
그 눈빛 속에
어룽대는 빗방울

올리고
내리기를
박자 하나 놓치지 않고

양 볼에
빨아들여
비닐우산 흔드는

그 맑은
화음을 따라
막힌 길이 열린다

간절곶에서

어느 먼 바닷길을 마중 나와 섰는지

내력도 모르면서 간절한 풍경 한 점

바알간
우체통 속으로
밀어 넣는
보
고
프
다

02 향기만을 되묻는

징후

구부려 길들여 놓은 저 골목 범어시장

할머니 땅을 물고
버텨온 세월만큼

닳도록 무늬도 없이
피고 지던
소문들

차갑게 밀어내고 무릎 감춘 어스름이

층층이 쌓여가는
오피스텔 그림자로

멍하니 몸을 섞는 낌새,
굽은 등에
쓸린다.

한낮

염천, 불구덩이로
그를 밀어 넣고

화장 중, 모니터만
가마득 올려다본다

백 분을 넘기지 못한 채
두 손안에 가벼울

마르면 마른대로
젖으면 젖는대로

눈 둘 데 없는 몇은
졸며 또 기도하며

타다만 심장박동기만
부르르 떠는 한낮

아다지오Adagio

무수한 음표들이 건반을 뛰어올라

어두운 클라리넷 부드러운 선율아래

그윽이 숨어드는 가을 밤

꽃이 피네

꽃 피네

끊어질듯 이어져 스며드는 숨소리

모차르트 피아노협주곡 23번 A장조

더딘 맘 더딘 눈빛 속으로

어룽지네

꽃 지네

아무도 물어주지 않는다

굳어져 가는 동안 누구도 묻지 않는다
미세한 그 틈마저 검푸른 입술 사이
근근이 풀칠해 온 끼니,
부르트고 쓰리다

한 올의 바람에도 가는 귀 열어놓고
익숙한 덫에 치여 고개를 내밀지만
자꾸만 떠오르는 섬
먼지 아래 가볍다

지금은 건너야 할 어둠이 깊어져서
뒤틀린 도시의 불빛 한 점 지워질 때
아픔은 혼자 두고 가냐고
물어주지 않는다

진골목 이야기

건드리기만 해도
부서지는 햇살아래

새겨듣는 이야기
덧쌓인 걸음걸음이

길어서
휘어졌을까,
힘줄 돋은
저 골목

닿고 싶은
기억 속
마당 깊은
집을 지나

무수히
덩굴지는
담쟁이
푸른 시간

길은 곧,
단단한 울림과

순간으로
이어져

향촌동 별곡

들을 수 없는 향기
말할 수 없는 향기

보이지 않는 향기
잡히지 않는 향기

당신과 나의 실루엣
그림자에 밟히는,

젊음이 비켜나는 모퉁이 돌아앉아

검버섯 그늘 아래 꽉 깨문 박하사탕

아무렴 향촌동입니다 향기만을 되묻는,

집과 마당

마당이 사라지고 집은 텅 비었다

모이고 흩어지던 이야기, 그늘조차

숨기려
들추려 해도
기억처럼 지워졌다

휑한 마음 귀퉁이 마당이 들어섰다

아무렇게나 세워도 중심으로 통하는

공간을
넓혀 갈수록
마음 가득 부푼다

고희

빛바랜 흑백사진
허물어진 울밑에선

여태 이울지 않은 봉선화 어여뻐라

일흔 살,
드문 일 될 거라
노래했던 두자미杜子美

고개 숙인 이름 앞에
돌아온 이름 앞에

광장을 떠올라 춤추는 나비 한 마리

일순간
피어오르네!
오오, 일흔 마리 호접

석류

깊은 속 빨아들인
한 움큼이 시리다

소리만 삼키고도
출렁이는 침샘과

선홍 빛
수직을 뚫고
빠개지는 틈 사이

중심에 닿기까지
겹겹이 넘어선다

햇살과 바람마저
껴입은 제 무게를

그 오랜
안간힘으로
매달려온 허공에

2013, 4 · 3
–제주

가풀막진 그날 그 봄빛

가둔 곳이 어딘지

용서하라

용서하라

용서하라

용서하라

파도가 알아차리고

예순다섯 번

되뇌네

코스모스

제 아무리 흔들려도
배경이 하늘이면

얕잡아 볼 수 없는 도도한 춤사위다

흘려 쓴 글씨체마냥
물결치는
저 들판

제 각각 피겠다고
맨몸으로 밀어올린

하얗고 붉은 꽃잎 가녀린 선 읽으며

일생이 숨 고르는 시간
숨결 따라
물올라

꼬막

배릿한 지층을 뚫고 기지개를 켜는 바다

스스로를 뒤집어야 썩지 않는 그 바다

여자만, 멀어지는 갯벌 몸 구부린 저 바다

바람과 바람 사이 감출 수 없는 별 하나

촘촘한 파도의 뼈 속살에 엉겨드나

퇴적된 시간을 뚫고 뒤집어야 산다나

감

잡으려
하는 순간
떨어지고
말 테지

잡히기
시작하면
매달리고
봐야지

그 틈을
노려보다가
슬쩍 걸터
앉은 달

두물머리길

두 물이
하나 되어
마침내
길이 된다

넉넉히
품을 여는
그 길,
강물이여

선 채루
와락 달려가
파고드는
별을 헨다

짝사랑

그 깊이 다 몰라도 닿고 싶은 네 안에

더듬어 잡히지 않는 아득한 그림자

한 번도 격렬하지 못해 흐름조차 막히고,

쉽사리 흔들리고 뿌리를 드러내도

마음을 주무르고 상처에 말을 걸면

물오른 마흔다섯 글자 시가 되어 꽃필까

03 함께 쓰는 비망록

곁

그에
닿으려면
내처
허물어야 하나요

꽃이 피고
지는 일
그대 오고
가는 길

그 어귀
지키고 서서
홀로
저물어야 하나요

부끄러운 시

-윤동주

부끄러움 알기에
서늘한 그 머리맡

제 가슴 치고 받아도
한 점 허락지 않아

저 먹빛 스물아홉 해
스러지는 별자리

햇살에 옮겨달라는 그 꿈 뼈아픈 시

혼돈과 침잠 속에 오롯이 놓인 한 줄 시

죽어서 다시 살아날 부끄러울 수 없는 시

유령

주검도 거부당하고 끝끝내 숨을 죽인

표정 없는 이웃들에 빗장 걸려 갇힌 오년

초읍동 거미줄 덧댄 쪽방, 어둠 속이 멀다

아홉 겹 열 겹에도
벌벌 떨던 여린 살갗

추위를 잊고 나면
다 말라서 사라질까

눈뜨고 보지 못하는
까닭마저 부서져

화본역

기차가 들어오네, 기억 먼저 끓어올라

길어진 목덜미에
기다린 시간 앉고

담쟁이 타는 높이로
감아올린
넝쿨 탑

화천을 끌어오네, 꽃물 진 노을까지

끝없이 밀고 가는
간만큼 또 멀어지는

꼭 한 번 돌아보리라
숨이 멎는
먼 기적

동행

꽃잎 사이로
펼치는
가을볕살
춤추는 강

곁을 주는 17번국도 함께 쓰는 비망록이

물굽이
일렁거릴 때마다
살에 박혀
부시다

퇴고

추수 끝낸 동효댁
낫과 호미를 쟁인다

해와 달, 뜨고 지며
명문장을 갈아엎던

어머니 일생이 누운
고랑배미 물길 돌려,

열의 여덟 곱절
이마에 줄을 긋고

연필로 바꿔 쥔 손
가락가락 힘줄 돋아

한 음절 끝소리까지
삐둘빼뚤 고쳐 쓴다

CABO DA ROCA
–로까곶

길이 끝나는 곳
바람이 머물지 못해

짙푸른 파고 아래
숨 고른 빨간 등대

수평선 하늘에 맞닿아
천지 절벽 들꽃이여

헤아릴 수 없는 이야기
물결마다 부딪치고

십자가 허공 가르듯
끝은 곧 시작인데

마음은 바다 쪽으로
새로 쓰는 엽서 한 장

*로까곶 : 유럽의 최서단에 위치한 땅끝 마을 까보다로까는 대서양이 시작 되는 곳이자 지구의 서쪽 끝이다. "여기에서 땅이 끝나고 바다가 시작된다" 는 포르투칼 시인 까몽이스의 시구가 새겨진 십자가형 돌탑이 있다.

물거울
–천전리 각석

세차게 불어넣은 숨소리 들리나요

수직의 햇살 받아 샘솟는 그 꿈들이

실금 간 바위틈으로 속삭이듯 다가와

대곡천 흐름 위에 저 푸른 원시의 길

볼 수 없는 마음을 짐작하려 애쓰며

여울진 기억 속으로 몸 바꾸는 그림자

곰탕

뭉근히 배어드는

시간이 일러준다

뼛속까지 내어주고

뭉클하게 엉기는

곰곰이

빠져드는 깊이

엇구수한

그 멋을

정동진

더는 갈 곳 없는 그 동쪽 끝자리로

먼저 가나 늦게 오나 마주치는 기찻길

바다는
한걸음 떼지 못해
울컥울컥 젖는다

어둠을 이고 달려와서 해를 안아 스러진다

수평선 끌어당겨 앵글 맞추는 저 소나무

바다와
한 뼘 거리에서
거듭 기차를 놓친다

당신은 누구십니까?

큰 언니 핸드폰으로 문자가 도착했다
환하게 손짓하는 내용보다 더 궁금한
발신인 자리에 놓인 낯선 이름, '편한 신'

한 발 내딛으면 또 한 발 받쳐주는
가장자리 닳고 뭉툭 잘린 뒷굽 보라
저만치 내려놓고서야 오래도록, '편한 신'

온 몸을 밀어 넣고 또 하루해가 뜬다
자갈밭 진창에도 나란히 새긴 발자국
서로의 풍경이 되어 베어드는, '편한 신'

성인텍
—판코리아

말은 필요 없네
뒷골목 미로에선

감춰 온 나이보다
후줄근한 두 줄 조명

성인텍 붉은 간판 아래
엉켜 드네
밟히네

밟혀도 아프지 않은
발등을 타고 올라

흐르는 음악처럼
어깨 겯는 연인처럼

그 오랜 기억 속으로
맞이하네
오, 젖네

고개 숙인 남자

1호선 중앙로역 퇴근 길 4번 출구
실밥 터진 낡은 모자 뒤집혀 날아가도
고개를 들지 못하는, 손 내밀지 않는 남자

동전 몇 개로는 흙 한줌 나를 수 없어
뿌리째 내려앉아 갇혀버린 울어리
고개가 함정이 된 남자, 허울뿐인 남자

남루의 등골 타고 비탈진 저녁노을
층층이 가파르고 그 빛에 휘둘려도
점점 더 파고드는 남자, 벽화 속 그 남자

월정리역
–철마는 달리고 싶다

아리다,
기다림은
너무 오랜
소원인지

허리를 가로지른 생명선 부여잡고

금지된
노래를 부르다
부르다가
멈춰 선,

길에 관한 단상

비탈에 팔짱끼고 대문 거는 수문장 바위
우거진 풀과 나무 들머리 벼룻길은
갓 담근 열무김치 마냥 쌉싸래한 향기다

더 멀리 뻗어가는 사뭇 곧은 신작로
휘두른 물줄기에 떡하니 내려앉아
그 여름 풍경 속으로 짙은 눈썹 드리우고

사연도 굽이굽이 감아 도는 옛길 위에
속도에 목숨 걸고 질러가는 새길 닦아
엇물린 기억 갈앉히며 미끄러지는 저 강물

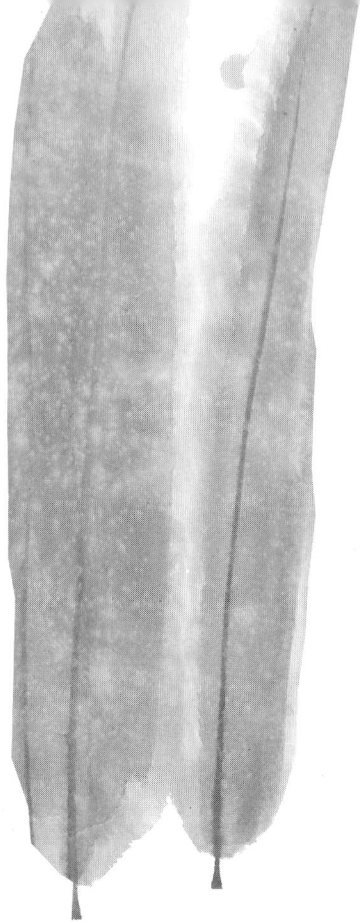

04 신들의 낮은 음성

승부역
해무 속에서 길을 찾다
해방촌
발바닥
손금
보리굴비
복고
붉은 노을로 울먹이네 -천문산
하루
다시, 묵호
해빙
-1951년 1월 27일 경기도 양지
무량사 가는 길
이틀 전 일기
천년을 넘어
군마도 1969
-운보, 비단에 수묵 채색

승부역

목청을 가다듬으며 소리마다 귀 기울여

하늘도 땅도 세 평

아슬아슬 닿는 곳

서로가

서로에게 쏠리는

등 너머를

허락하는,

해무 속에서 길을 찾다

중심 잃은 구름이 하나 둘 몸을 던져

아스라이 피워 올린
안개꽃 망울망울

들리네, 신들의 낮은 음성
포로가 된
밤바다

서로를 가둔 적 없는 바다와 구름 사이

서로가 넘지 못한
수평과 지평 사이

보이네, 희부연 그 꽃길이
멀어질 듯
닿을 듯

해방촌

잠시만 머물다가 떠나려던 사람들

떠날 이유 찾지 못해 내내 머문 사람들

연연히 이어지는 울타리 시작도 끝도 모를

오늘에 푼 어제와 내일을 가로질러

허물 벗은 풍경 속에 숨겨둔 아픈 이름

해방촌 백 팔 세난 아래 옛집인 양 들이네

발바닥

더없이 낮은 곳에 몸을 맡긴 동안에도

가파른 핏줄 딛고 되짚어 오르기에

거칠고 저린 바닥에 내 숨결이 들리지

꼿꼿이 받든 시간 뒤꿈치에 모이지

삭고 삭지 못한 굳은살 사이사이

그 틈을 못다 메우고 바쁜 걸음 옮기지

손금

실금에 길 놓치고 움켜쥔 손 펼쳐보네
혜윰 없이 이어진 선 거칠게 울먹이네

어디서
길을 잃었나
허물어진 저 흙고랑

드문드문 파인 곳 마음이 떠난 자리
저토록 깊어진 곳 마음 묻을 그 자리

숨어서
물러설 곳 없네
고샅길만 보이네

보리굴비

겉보리 서 말이면 처가살이 안 한다던

보리굴비 사위가 그예 항아리 털었다네

꼬릿한 숙성의 시간 밸 틈 없이 사라졌네

서해로 또 남해로 철 따라 헤엄쳐서

소금꽃 피워 올린 해풍에 구부러지네

갈아탄 냉동고의 시간 짧은 터널 지나네

복고

돌아보면
아득히
길을 내는
그
림
자

눈에 밟힌 발자국
일으켜 세우며

마음눈
열리는 곳이면
다듬다듬
붙
들
고

붉은 노을로 울먹이네
–천문산

이미
아득하네
하늘로 벋은 길이

손잡지 못할 거리 손 놓지 못할 시간

한사코
솟아올라서
푸른 문이 열리네

끝내
아득하네
허공에 놓인 길이

바람이 길을 막고 먹구름 눈을 가려

기어이
울먹거리네
붉은 놀로 울먹이네

*천문산 : 호남성 장가계 남쪽 3km 지점, 해발 1400m의 산중턱에 자연적으로 생겨난 석회암의 거대한 석굴(천문동)과 장가계에서 가장 먼저 역사서에 기록된 명산으로 최고의 神山이라 불린다.

하루

결별을 예감하는 오늘, 추분입니다

백로와 한로 사이
팽팽한 낮과 밤

그 밤은 조금씩 깊어져
겨울 쪽으로
기울고

박고지 호박고지 물기를 걷어냅니다

흙으로 창을 막아
벌레소리 숨어들고

움켜쥔 손마디 사이로
또 하루가
저무는

다시, 묵호

여기서 무릎 꿇고 저 바다 다시 안는다
골목길 오르내리며 비탈진 아낙 얼굴
지난한 세월의 단층, 담벼락에 꽃핀다

하나 둘 떠나가고 저 홀로 지켜온 바다
집을 향해 놓인 신발 그 가볍고 무거움에
진종일 지고 피는 나팔꽃 갸륵함을 달랜다

돌아온 묵호 3길 그림 속의 엘리베이터
고단한 일상을 실어 먼 바다에 띄운다
색 바랜 벚나무 한그루 이울어도 못잊어

해빙

–1951년 1월 27일 경기도 양지

버둥대던 손 마디마디
하늘 향해 얼어붙고

눈 더미 숨구멍에
몰아쳤을 두려움마저

차갑게
묻혀버린 시간
봄은 언제
오
려
나

무량사 가는 길

그지없는 거리에도 가까이 더 가까이

잴 수 없는 무게라면 가벼이 더 가벼이

짐작만 하고 오세요, 사는 동안 꼭 한 번

반나마 지나간 봄 잎잎이 은결들어

저를 버린 햇빛도 반겨 맞는 설잠雪岑의 노래

무량사 깊은 그늘이 넘치도록 맑아요

이틀 전 일기

하루를 지탱하는
힘이 자꾸
떨어질 때

조각난 생각들만
빼곡히 모은 어머니

어설피
시간을 엮네
실낱같은 기억의

한 줄을 못 채우고
다음 줄에
기웃대는

행간을 좁힐수록
멀어지는 이야기

뒤편에
붙잡아 두네
어제거나 그제의

천년을 넘어

머릿속엔 사라져도
가슴 안에 남아서

천년을 넘어서도
지워지지 않는 얼굴

두툼한 광대뼈 아래
살짝 들린 입꼬리 보라

새겨진 기억 층층
그 오랜 설레임에

하찮게 버려져도
변하지 않는 미소

수막새, 얼굴무늬를 따라
햇살이 일렁인다

군마도 1969
-운보, 비단에 수묵 채색

귀로는 들을 수 없는
소리가 움직인다

흩뿌린 화면 가득 먼지 이는 묵점墨點 사이

들리나,
저 말발굽 소리
눈 감고도 보이듯…

05 돌아보고 돌아보는

첫눈

그 잠깐
텅 빈 두 눈에
철없이
내리는 눈

내리다
녹다
나도 몰래
스미다

아! 불쑥
궁리할 틈 없이
빠져드는
눈망울

세상 속으로
–손의 대화

당신을 사랑합니다. 손끝으로 하는 말
다사한 손등 위를 토닥토닥 눌러서
귀 막고 눈이 멀어도 아프도록 새긴다

절반의 키로 서서 포개지는 그림자
소리와 빛을 잃은 그대 눈, 귀가 되어
으늑한 울림을 찾아 더듬이를 세운다

보고, 듣지 못한 시간을 끌어 모아
당당히 소통하는 둘만의 절대음감
달팽이 하늘을 나는 꿈 세상 속에 심는다

채석강 백서

우리가 키로 서서 바라만 보려할 때
바다는 모로 누워 말씀에 가 닿으려
겹겹이 무늬를 밀어 들어 올린 채석강

해 저무는 외변산 첩첩 쌓인 물결 언덕
풍경이 풍경 속으로 스며드는 그 자리
흐르던 시간이 멈춰 돌아보고 돌아보는

바람은 예까지 와 필사를 도왔으리라
바다가 너른 만큼 다 받아 적었으리라
층층이 깊이를 더해 증거물로 놓인 책

첫사랑

길모퉁이
돌아서는
어느 봄날
등교 길

나는 너를 좋아한다
너도 좋으면 말해라

열여섯
글자를 돌돌 말아
던져주고
간 아이

벙어리 붕어빵

벚나무 그림자 일렁이는 이마 위로
바람이 지나 가고 유년이 뒤따른다
붕어빵 뒤집는 소리 덜컥 멈춘 리어카

하고 싶은 이야기 손보다 마음이 달아
서둘러 날개를 접어 먼 길 떠난 아버지
빈속에 풀어놓은 허기 도망치지 못한다

그 오랜 세월 동안 함께 해온 말없음도
비집고 나오려는 팥 앙금 입에 물어
익숙한 무늬를 밟고 폴짝 뛰어 오른다

기도

옆자리 할머니가
두 손 모아 바라보신

정지된
화면 밖이
대봉성당
담벼락인 걸

그 다음 정류장에 내려서
고개 돌려 되뇐다

삶에서 놓을 수 없는
가파른 출근길

모니터에
코를 박아
숨을 곳을
찾는 일에도

저렇게 보여주는 거다
나지막이 말 걸 듯…

문상객

한 사람이
떠나고
떼를 지어
모여든다

굽이굽이
아흔 일곱
스치고
마주쳤던,

죽음에
가까워지는 거리
그 거리의
몫이다

그 집

내가 살던 그 집
깊이 닿는
그곳

발자국
지워지고
겹겹이
사라지고

그리메 향기만 남아
그지없는
그곳

사각지대

숨어서 날 수 있을까
강파른 벼루에서

부러진 날갯죽지 곤두박인 삶을 딛고

고시원
비상구 계단
흐린 불빛에 이끌려

우거진 빌딩숲 속
한 평 섬에 갇혀

가도 가도 물거품 헛손질만 거듭하는

환승을
꿈꾸는 통로
새 한 마리 깃을 턴다

자계서원 가는 길

물에 어린 붉은빛이 수숫대 무늬일까

서원에 이르기 전 바람이 툭 던지네

칼보다 날카로운 붓끝, 그늘 또한 깊어서

벼랑 끝 목숨 안고 사초에 오르는 길

사흘 낮과 밤이 거슬러 핏물지네

구름도 비켜 앉는 개울, 몸을 낮춰 흐르네

이월二月

거듭

오지 않는

네 소식

기다릴 적

속속 속이 타는 속잎이 속삭이고

쑥 내민

꽃샘잎샘에

바람꽃이

이우네

환절기

이 좁은 통로 끝에서 이제는 헤어지자

비켜갈 수 있을 거란 바람은 바람일 뿐

부딪는
어깻죽지 사이
드러나는 솔기들

새겨진 기억보다 잊어버린 순간들이

벼랑을 밀어내고 밀려가는 너울 속

차올라
경계를 허문다
수평 넘어 그 너머

골목길

고철에 백고무신
흙 묻은 공병까지

귀를 세운 가위소리
골목 끝에 머물 때

애타게
뒤쫓는 노을
머리 위를 적신다

엿기름 단내 속을
허물 벗듯 빠져나와

사라진 골목길이
꿈틀대는 늦은 저녁

점점이
어두움 박으며
소리 없이 지운다

은행잎, 지다

목숨을 이고 서서 출렁이던 푸른 날개
어긋난 양쪽 어깨 노랗게 물이 들면

기울어 부끄럽지 않을
파동에도
진다

헤어질 찬바람머리 손 내미는 하늘가
비에 젖는 모든 것은 바람에도 젖어서

기대어 초라하지 않는
빛을 따라
뒤챈다

강월헌에서

탑은 강에 기울어
저 달을
끌어당기고

나무는
탑에 기울어
슬며시
기대서도

곱다시 기울어지는 건
흐름속의
저,
달뿐

*강월헌 : 여주군 여주읍 천송리 신륵사 경내에 있는 정자

작품해설

06

'시적인 것'을 찾아가는 심미적 기억과 자의식
-김미정의 시조 미학

/유성호

'시적인 것'을 찾아가는 심미적 기억과 자의식
–김미정의 시조 미학

유 성 호 | 문학평론가, 한양대 국문과 교수

1. 기억에 대한 헌사이자 자의식으로서의 시조(時調)

잘 알려진 것처럼, '시조(時調)'는 고전적이고 안정적인 시상(詩想)을 정형 양식에 담아냄으로써 자신의 전통적 기율이자 본령을 이루어왔다. 물론 고시조가 현대시조로 진화해오면서 다양한 현대성의 감각이 시조의 외연 확장을 불러오기는 했지만, 그럼에도 불구하고 고전적 시상과 정형 양식에 시조 미학의 근본 바탕이 놓여 있다는 점이 근저에서부터 요동치지는 않는다. 여전히 시조는 내용과 형식에서의 원심적 일탈이나 파격을 좀처럼 허락하지 않으며, 동시에 그것이 시조의 시조다움을 지켜내는 유일한 원리임을 우리는 여기저기서 목도하고 있다. 아닌 게 아니라 우리가 써왔고 또 써가야 할 시조는, 그동안 견지해왔던 이러한 양식적 동일성을 견고하게 유지하면서, 때로는 현대성을 안고 때로는 현대성과 맞서면서 꾸준히 자기 개진을 이루어가야 할 것이다. 이 점, 우리 시대가 시조에게 요청하고 있는 배타적인 미학적 책무가 아닐 수 없을 것이다.

이제 우리 시대는 근대의 극점을 지나 '후기 근대'로 접어들고 있다. 이때 정형 양식인 시조는 더욱 자신만의 고유한 언어적 섬광으로 근대의 과잉이 가져온 미학적 편향에 대하여 근원적 비판을 하게끔 그 역할을 부여받고 있다. 이러한 역설의 존재 조건이 시조로 하여금 우리에게 위안과 치유의 에너지를 부여하게끔 하였고, 나아가 '시적인 것'에 대하여 심층적으로 생각하게끔 해주었던 것이다. 우리가 읽게 될 김미정 시인의 두 번째 시조집은, 지나온 기억에 대한 절절한 미학적 헌사이자 시인으로서의 남다른 자의식을 드러낸 실존적 고백록이기도 한데, 우리 시대의 시조에게 요청된 과제에 대한 건실한 응답으로서의 면모를 지닌 결실이라고 할 수 있을 것이다. 그만큼 이번 시조집은 정형 양식에 담긴 위안과 치유의 에너지, 그리고 '시적인 것'을 유추하게끔 해주는 미학적 고갱이로 가득하다. 이제 그 기억에 대한 헌사이자 자의식으로서의 시조 세계 안으로 한 걸음씩 천천히 들어가 보자.

2. '골목'과 '집'과 '마당'에 대한 선연한 기억들

먼저 김미정 시학을 가로지르는 핵심적 장치는, 오랜 시간적 흐름에 대한 가파르고도 절실한 '기억'에 있다고 할 수 있을 것이다. 우리가 잘 알듯이, 이미 사라져간 것들에 대한 기억은, 서정시 창작의 제일의적 수원(水源)으로 그 역할을 감당해왔다. 김미정 시인은 현재 부재하는 것들을 일일이 형상적으로 재현함으로써, 이제는 그러한 시간을 되돌릴 수 없다는 그리움의 정서를 여러 곳에서 그려 보여준다. 아니 어쩌면 그녀는, 기억과 그리움이야말로 인간의 존재 형식을 그대로 담아내는 정신 운동이라고 해도 지나친 말이 아니라는 듯, 기억의 심층에서 '시적인 것'을 일관되고도 지속적으로 건져 올리고 있다. 다음 시편을 읽어보자.

건드리기만 해도
부서지는 햇살 아래

새겨듣는 이야기
덧쌓인 걸음걸음이

길어서
휘어졌을까,
힘줄 돋은
저 골목

닿고 싶은
기억 속
마당 깊은
집을 지나

무수히
덩굴지는

담쟁이
푸른 시간

길은 곧,
단단한 울림과
순간으로
이어져
—「진골목 이야기」 전문

대구의 '진골목'은 지금도 시인에게 많은 기억을 안겨다주는 공간이다. 가령 "건드리기만 해도/부서지는 햇살"은, 마치 만지면 부서져 내릴 듯한 고서적(古書籍)처럼, 오래고 오랜 '이야기'가 덧쌓인 이 골목의 걸음걸음을 보여주는 듯하다. 골목이 길다고 하여 생겨난 이름 '진(긴)골목'은, 바로 그 자신의 이름처럼 그렇게 길게 휘어져 있다. 이 '휘어짐' 또한 오랜 세월의 유장함을 고스란히 은유하는 형상일 터이다. 그렇게 '진골목'은 시인을 한순간 "닿고 싶은/기억 속"으로 데려다준다. 이어 시인은 "마당 깊은/집"을 지나 "무수히/덩굴지는//담쟁이/푸른 시간"을 걸어가는데, 이렇게 시공간이 "단단한 울림과/순간으로" 이어지는 과정 자체가 시인의 '시쓰기' 작업이요 그녀만의 기억 재현 과정일 것이다. 여기서 '마당 깊은 집'이란 김원일의 소설 제목인데, 그 소설은 전쟁 직후 모두가 가난하던 시절 다섯 식구가 '마당 깊은 집' 아래채에 세들어 살던 이야기를 담고 있다. 전쟁과 피난과 가난과 역설적 희망을 담은 이 자전적 성장소설은, 바로 '진골목'을 구체적 배경으로 삼은 결실이었던 것이다. 그렇게 김미정 시인은 "지난한 세월의 단층"(「다시, 묵호」)과 "퇴적된 시간"(「꼬막」)을 역류하여 "단단한 울림과/순간"의 그리움으로 '진골목'에 가 닿는다. 다시 한 번 '마당 깊은 집'을 연상케 해주는 다음 시편 역시 정성스럽게 읽어볼 만하다.

마당이 사라지고 집은 텅 비었다

모이고 흩어지던 이야기, 그늘조차

숨기려
들추려 해도
기억처럼 지워졌다

휑한 마음 귀퉁이 마당이 들어섰다

아무렇게나 세워도 중심으로 통하는

공간을
넓혀 갈수록
마음 가득 부푼다
—「집과 마당」 전문

한때 우리는 마당이 있는 집에서 살았다. '마당 깊

은 집'이라는 소설 제목이 가능할 정도로, '마당'은 언제나 집의 입구이자 광장이었고, '집'을 감싸고 있던 어떤 고유한 분위기이기도 했다. 그런데 언제부터인지 마당이 사라졌고, 집은 텅 비어버리게 되었다. 그와 동시에 집에서 "모이고 흩이지던 이야기"와 그 이야기가 만들어내던 그늘도 사라져버렸다. 시인은 그렇게 흔적도 없이 지워져버린 '마당'을 상상적으로 되찾아가는 과정을 통해, 기억처럼 지워진 이야기의 그늘을 또한 회복해간다. 이때 시인은 마당이 "아무렇게나 세워도 중심으로 통하는" 공간이고, 비로소 자신은 그 공간을 넓혀갈수록 마음이 부풀게 되노라고 고백한다. 마당을 갖추게 되자 집은 비로소 '집'일 수 있었던 셈, 시인은 지워진 기억 속을 뚫고 들어가 "아무렇게나 세워도 중심이 되는" 마당을 탈환해낸다. 그래서 이 시편은, 기억의 정점과 공동(空洞)을 동시에 재현하면서 우리 삶의 근원적 기율까지 암시해준 사례가 아닐 수 없을 것이다.

사실 우리는 모든 기억이 과거 시간의 사실적 재현이 아니라 현재형에 의해 해석되고 재구성되는 것이라는 점에서, 김미정 시인이 보여주는 기억 현상 역시 시인의 현재형과 그대로 닮아 있다고 말할 수 있다. 그만큼 김미정 시편은 지난 시간을 일일이 호명하면서도 그 기억의 힘으로 자신의 가장 근원적인 상태를 회복하려고 한다. 어느새 자신이 떠나온 세계를 향해 상상적으로 귀환하면서, 그녀는 역설적으로 새로운 세계를 구성해가려는 의지를 마음 깊이 보여준다.

그 새로운 세계란 '골목'과 '마당'이 회복된 가장 근원적인 마음의 상태일 것이다. 그렇게 '오래된 새로움'을 추구해간다는 점에서, 김미정 시편은 기억의 심화 과정을 보여주는 원형적 성과로서 다가온다 할 것이다. 명징하고 심미적인 언어 감각으로 그것이 감싸여 있다는 점에서, 그녀가 탈환해가는 '골목'과 '마당'과 '집'은 더더욱 애잔하고 투명하게 반짝여온다.

3. 신체의 직접성으로 추구해가는 '사랑의 완성'

일찍이 프랑스의 상징주의 시인 보들레르(C. Baudelaire)는 "예술가는 삶의 순간성을 깨닫는 동시에 그 순간성에서 암시적 영속성을 포착한다."라는 말을 남긴 적이 있다. 우리가 읽기에 김미정 시편은 그러한 '암시적 영속성'을 가장 지극하고 순연한 사유와 감각 속에서 잡아내는 독특한 매력을 지니고 있다고 말할 수 있다. 그만큼 우리는 김미정 시학의 발원지가 비록 결핍과 부재에 놓여 있다고 하더라도, 그녀가 이러한 삶의 결여 형식에 대한 원형적 반응으로서의 근원적 기억들을 활달하고 무변(無邊)하게 배치해가고 있음을 알 수 있다. 그렇게 김미정 시인은 일종의 미학적 근본주의를 통해 꿈과 현실의 경계를 천천히 지워가면서, '암시적 연속성'으로서의 기억의 현상학을 한결같이 증언해간다. 삶에서 가장 중요한 기억을 통해 그녀는 우리 삶에 존재하는 근원적인 것들을 향한 열망을 유감없이 보여주는 것이다. 그리고 그러한 근원적인 것에의 열망은 가장 일상적이고 소소한 세목들에서 빛나는 가치를 발견해가는 안목으로 하나하나 수렴되어가는데, 이 또한 '암시적 영속성'으로서의 미학을 발견해가는 견자(見者)로서의 위상을 잘 보여주는 사례들일 터이다.

더없이 낮은 곳에 몸을 맡긴 동안에도

가파른 핏줄 딛고 되짚어 오르기에

거칠고 저린 바닥에 내 숨결이 들리지

꼿꼿이 받든 시간 뒤꿈치에 모이지

삭고 삭지 못한 굳은살 사이사이

그 틈을 못다 메우고 바쁜 걸음 옮기지
—「발바닥」 전문

여기서 '발바닥'은 생의 밑바닥이요, "더없이 낮은 곳에 몸을 맡긴 동안"에도 믿고 의지할 수 있는 신체적 기둥이다. 그래서 시인으로서는 '발바닥'을 통해서만 "가파른 핏줄 딛고 되짚어 오르기"가 가능했을 것이다. "거칠고 저린 바닥"에서 자신의 숨결이 들려온다는 시인의 고백은, 단연 생의 근원이 바로 이러한 남루하고 고단한 시간에서 온다는 승인을 전제로 하고 있다. 뒤꿈치로 모이는 시간을 뒤로 하면서 시인은 "삭고 삭지 못한 굳은살 사이사이"를 견디면서 또 다시 바쁜 걸음을 이어간다. 그것을 가능하게 한 것이 바로 '발바닥'이었던 셈이다. 어쩌면 이때 '바닥'은, 물리적인 '바닥(bottom)'이기도 하지만, 존재론적 '바닥(basis)'이기도 할 것이다. 그렇게 '발바닥'은 "내 안과/바깥 사이"(「누드」)를 힘겹게 떠받치면서 존재의 동일성을 지탱해가는 표상으로서의 역할을 한다. 그러니 시인으로서는 "건너야 할 어둠이 깊어"(「아무도 물어주지 않는다」)졌을 때 더더욱 '발바닥'에 의지해가지 않겠는가. 그 소중한 '발바닥'을 경유하여 시인의 시선은 이제 천천히 '손'을 향해간다.

당신을 사랑합니다. 손끝으로 하는 말

다사한 손등 위를 토닥토닥 눌러서

귀 막고 눈이 멀어도 아프도록 새긴다

절반의 키로 서서 포개지는 그림자

소리와 빛을 잃은 그대 눈, 귀가 되어

으늑한 울림을 찾아 더듬이를 세운다

보고, 듣지 못한 시간을 끌어 모아

당당히 소통하는 둘만의 절대음감

달팽이 하늘을 나는 꿈 세상 속에 심는다
—「세상 속으로 –손의 대화」 전문

시인은 전신(全身)으로 세상을 향한다. 세상과 격리되어 세상을 등지고 이루어내는 심미성의 차원을 김미정은 단호하게 거절한다. 오히려 그녀는 '당신'을 향하여, '손끝'으로, '손등'을 누르면서, 사랑 고백을 이어간다. 그것은 "귀 막고 눈이 멀어도 아프도록" 새겨가는 가장 구체적인 사랑의 전언(傳言)인 셈이다. 이때 귀를 막고 눈이 머는 상태야말로 시인 자신이 "소리와 빛을 잃은 그대 눈, 귀가 되어" 사랑을 완성해갈 수 있는 천혜의 조건이 되어준다. 나아가 "절반의 키로 서서 포개지는 그림자"와 "보고, 듣지 못한 시간을 끌어 모아//당당히 소통하는 둘만의 절대음감"은 시인이 '손'의 대화를 통해 사랑을 완성해가는 모습을 더없이 잘 보여준다. 시각과 청각이 어우러지는 그 절대 화해의 순간을 통해 시인은 "소리쳐 껴안아도 까마득한 침묵"(「포옹」)을 지나 "당신과 나의 실루엣"(「향촌동 별곡」)을 완성해가는 것이다.

이처럼 김미정 시학에서 가장 근원적인 것은 '사랑의 완성'에 대한 의지에서 찾을 수 있다. 그것을 그녀는 '발(바닥)'과 '손' 같은 신체의 직접성으로 수행해간다. 두루 알려져 있듯이, 서정은 대상에 대한 몰입이나 동화(同化)의 의지에서 발원하는 원리이다. 이를 두고 '동일성 원리'라고 불러온 전통은 꽤나 오래된 것이다. 물론 현대시로 올수록 대상과의 불화나 균열을 강조하는 아이러니 정신이 활발해지는 경향이 있기는 하지만, 아직도 서정시는 대상과의 합일을 통한 동일성 원리에 의해 그 주류를 구현하고 있다고 말해도 좋을 것이다. 물론 이러한 동일성 원리가 주체와 대상 사이의 원만구족(圓滿具足)한 합일만을 뜻하는 것은 결코 아니다. 대상의 부재와 결핍에서 비롯되는 그리움을 통해 대상에 더욱 다가가려는 노력 역시 동일성 원리의 중요한 측면을 구성하고 있으니까 말이다. 김미정 시학은 바로 그러한 그리움을 신체의 직접성으로 옮겨가면서 '사랑의 완성'을 향해 자신만의 정서적 세목을 구성해간다. 구체적인 상황과 행위가 수반된다는 점에서 현대성의 감각이 단연 돌올하게 빛난다.

4. 존재론적 기원의 탐색과 시적 재현

그런가 하면 김미정 시인은 자신의 존재론적 뿌리라고 할 수 있는 '기원(origin)'에 대한 깊은 탐색과 재현에 공을 들여간다. 시인은 이러한 음역(音域)을 통해 현실에서는 불가능한 상상적 존재 전환을 꾀해가는데, 그렇다고 그녀의 사유와 감각이 비현실적인 몽상으로 이루어져 있는 것은 아니다. 오히려 그녀는 일상적 현실을 순간적으로 벗어나 전혀 다른 상상적 거소(居所)를 만들어내면서도, 궁극적으로는 지상에 발 딛고 살아가는 이의 존재 형식을 긍정하는 쪽으로 한결같이 귀착하고 있기 때문이다. 그 기억의 단애(斷崖)에 바로 시인의 '아버지'가 서 계시다.

숨은 뜻은 모르는데 말은 늘 아끼시던

어, 하고 전화 받고

그래, 한번 끄덕이고

끊어라, 하며 휘갑치는

굵고 짧은

세 마디

지상의 오랜 시간 아버지가 남기신 말

기억은 울림이 되어

행간을 넓혀가네

속귀에 녹아내리는

무뚝뚝한

세 마디
—「세 마디」 전문

'아버지'께서 평소에 전화 통화를 통해 하시던 간단하기 그지없는 '세 마디'는 '어/그래/끊어라'였다. 시인은 "숨은 뜻은 모르는데 말은 늘 아끼시던" 아버지의 영상을 그 목소리의 울림을 통해 선연하게 생성해 낸다. 그리고 아버지께서 세 마디로 전화 받으시고 끄덕이시고 휘갑치시는 "굵고 짧은" 순간과 "지상의 오랜 시간"을 등가적으로 결합한다. 그렇게 아버지가 남기신 말씀에 대한 기억은, 호환할 수 없는 지극한 울림이 되어 시인의 삶의 행간을 넓혀간다. 그러니 비록 "무뚝뚝한//세 마디"였어도 그 말씀은 시인의 속귀에 녹아내리는 것이 아니었겠는가. 그리고 그 '세 마디'는 그녀가 성장해온 "굵고 짧은" 시간의 마디[節]이기도 했지 않았겠는가. 이때 아버지와 시인은 "손잡지 못할 거리 손 놓지 못할 시간"(「붉은 노을로 울먹이네 – 천문산」)을 깊은 기억 속에서 평생 동안 함께하게 되는 것이다.

벚나무 그림자 일렁이는 이마 위로
바람이 지나가고 유년이 뒤따른다

붕어빵 뒤집는 소리 덜컥 멈춘 리어카

하고 싶은 이야기 손보다 마음이 달아
서둘러 날개를 접어 먼 길 떠난 아버지
빈속에 풀어놓은 허기 도망치지 못한다

그 오랜 세월 동안 함께 해온 말없음도
비집고 나오려는 팥 앙금 입에 물어
익숙한 무늬를 밟고 폴짝 뛰어 오른다
—「벙어리 붕어빵」 전문

아버지에 대한 잔잔한 기억은 '벙어리 붕어빵'으로 이어진다. 시인은 바람이 이마 위로 지나가자 유년 시절의 영상 가운데 하나인 "붕어빵 뒤집는 소리 덜컥 멈춘 리어카"를 떠올린다. 비록 아버지는 "서둘러 날개를 접어 먼 길 떠난" 후이지만, 시인은 아버지의 "빈속에 풀어놓은 허기"를 여전히 지우지 못한다. 여기서 "그 오랜 세월 동안 함께 해온 말없음"이 "팥 앙금 입에 물어/익숙한 무늬를 밟고 폴짝 뛰어 오른" 순간은, 시인이 기억해내는 가장 먼 시간의 인화(印畫)이자, "하고 싶은 이야기 손보다 마음이 달아" 떠나신 아버지에 대한 절절한 회상의 시간이기도 할 것이다. 이때 우리는 김미정 시학에 "저 푸른 원시의 길"(「물거울 - 천전리 각석」)과 같은 존재론적 기원에 대한 집념 어린 탐색이 일관되게 착색되고 있음에 상도(想到)하게 된다.

이처럼 김미정 시인이 기억해내는 '아버지'는, 그녀에게 가장 깊은 존재론적 뿌리이자, 지나온 시간을 직접적으로 거슬러오를 수 있게 해주는 일차적 실재일 것이다. 이때 지난 시간을 거슬러 오르는 기억은, 과거 시간을 되살려내는 단순 복기(復記) 행위가 아니라, 지난 시간을 원초적 경험 형식으로 복원하면서 동시에 그것을 현재와 연루시키려는 적극적 행위로 몸을 바꾸게 된다. 김미정 시인은 바로 이러한 기억 작용을 통해 자신의 가파른 존재론적 기원을 노래하면서, 가장 근원적인 것을 '시적인 것'으로 치환하려는 현재적 욕망을 점진적으로 성취해간다. '아버지'에 대한 남다른 기억을 통해 자신의 힘겨웠던 생애를 돌아보는 위의 시편들이 그 대표적 사례일 것이다. 그 안에는 오랜 세월을 함께 지나온 아버지에 대한 기억과 그로부터 비롯된 융융한 서사(narrative)가 짙게 함유되어 있어, 읽는 이들로 하여금 애틋한 마음을 불러일으키게끔 하고 있는 것이다.

5. 시인으로서의 강렬한 자의식

이어서 김미정 시인은 '시(詩)'라는 오랜 장르가 수행해온 기율을 상상하는 실존적 차원으로 나아간다. 가령 그것은 객관적인 물리적 시간에서 벗어나 자신이 고유하게 경험한 '시적 시간'을 표상하려는 미학적 의지가 반영된 결과일 것이다. 그리고 그녀가 개개 사물과 사물 사이에 유추적 연관성을 구축할 수 있는 것도 이러한 의지의 매개가 있기 때문일 것이다. 물론 이때 시인의 의지란, 일상을 규율하고 관장하는 합리적 운동 형식이 아니라, 지난 시간을 새롭게 정서적으로 구성하려는 힘을 뜻한다. 여기서 우리는 김비정 시인이 보여주는 '시적 시간'이, 지난 시간을 단순화하는 개인적 기억으로서의 퇴행(regression)과는 달리, 일종의 공공적 기억과 매개하는 상상력에 의해 결속해 있음을 알게 된다. 이는 기억의 나르시스적 성격을 뛰어넘어서, 보편적 삶의 형식에 가 닿으려는 시인으로서의 강렬한 자의식을 보여주는 그녀만의 개성적 방법론일 것이다. 다음 시편을 읽어보자.

부끄러움 앎기에
서늘한 그 머리맡

제 가슴 치고 받아도
한 점 허락지 않아

저 먹빛 스물아홉 해
스러지는 별자리

햇살에 옮겨달라는 그 꿈 뼈아픈 시

혼돈과 침잠 속에 오롯이 놓인 한 줄 시

죽어서 다시 살아날 부끄러울 수 없는 시
—「부끄러운 시 –윤동주」 전문

이 아름다운 작품은, 올해 개봉한 이준익 감독의 영화 「동주」에 대한 일종의 오마주일 것이다. 두루 알려져 있듯이, 윤동주는 길지 않은 우리 현대문학사에서 남다른 시와 삶으로 우리의 가슴 속에 숨쉬고 있는 시인이다. 그는 시와 삶의 분리 불가능성을 첨예하게 보여주었으며, 비극적 죽음으로 인해 오히려 불멸이 된 시인이다. 김미정 시인은 이러한 윤동주의 키워드라고 할 수 있는 '부끄럼'을 통해, 시대와 상황을 초월하여 보편적 감동으로 살아 있는 윤동주를 재현하고 있다. 그녀는 윤동주가 부끄럼을 알았기 때문에 부끄럼을 한 점 허락하지 않았고 결과적으로 "저 먹빛 스물아홉 해/스러지는 별자리"로 남을 수 있었노라고 노래한다. "서늘한 그 머리맡"에 남게 된 윤동주 시를 두고는, "햇살에 옮겨달라는 그 꿈 뼈아픈 시"가 바로 자신이 써가야 할 '시'임을 고백해간다. 그 '시'는 이어서 "혼돈과 침잠 속에 오롯이 놓인 한 줄 시"로 그리고 "죽어서 다시 살아날 부끄러울 수 없는 시"로 끝없이 파생해가는데, 이때 윤동주와 김미정은 '시인'이라는 불멸의 정체성을 통해, 공공적 기억과 매개하는 상상력을 통해, 하나의 몸으로 만나게 된다. 비록 "그 오랜/안간힘으로/매달려온"(「석류」) 시쓰기이지만, 김미정 시인은 윤동주의 부끄럼과 서늘함과 스러짐과 뼈아픔과 오롯함으로 가득한 "부끄러울 수 없는 시"를 자신의 그것으로 노래해가는 것이다.

물에 어린 붉은빛이 수숫대 무늬일까

서원에 이르기 전 바람이 툭 던지네

칼보다 날카로운 붓끝, 그늘 또한 깊어서

벼랑 끝 목숨 안고 사초에 오르는 길

사흘 낮과 밤이 거슬러 핏물지네

구름도 비켜 앉는 개울, 몸을 낮춰 흐르네
—「자계서원 가는 길」 전문

경북 청도에 있는 '자계서원'은, 그 이름 '紫溪'처럼, "물에 어린 붉은빛"을 아름답게 띠고 있다. 시인은 그 빛이 "수숫대 무늬"는 아닐까 생각해본다. 이미 서원에 도착하기 전에 바람이 던지는 그러한 물음이 "칼보다 날카로운 붓끝"을 새삼 확인시켜줌을 느낀다. 여기서 '칼/붓'은 당연히 '무(武)/문(文)'을 상징하면서, '칼보다 날카로운 붓'이 서원으로 가는 길을 "벼랑 끝 목숨 안고 사초에 오르는 길"로 만들어줌을 알린다. 그러니 목숨까지 안고 지켜내는 자계(自戒)의 태도는, "사흘 낮과 밤이 거슬러 핏물"이 진 세월이 몸을 낮추어 흐르는 '서원(書院)' 가는 길을, 시인 스스로 '시'가

무엇을 향해야 할지 '서원(誓願)'하는 순간으로 만들어 준다. 이때 김미정 시인은 "간절한 풍경 한 점"(「간절곶에서」)으로 남아서, 서원 가는 '길'을 통해 시인으로서의 강렬한 자의식을 한층 보편화하고 있는 것이다.

두루 알려져 있듯이, 서정시는 시간 형식을 다루어가는 일종의 '시간 예술'이다. 한 편 한 편의 서정시가 시간의 흐름에 의해 발원하고 완성된다는 측면에서도 그러하고, 또 시를 향유하는 데 시간의 흐름이 수반된다는 점에서도 그러하다. 그러나 서정시는 '시간' 자체를 대상으로 한다는 면에서 보아도 분명한 '시간 예술'로서의 속성을 구유하고 있다. 서정시를 삶의 순간적 파악에 기초한 언어 예술로 명명한다고 해도 결과는 마찬가지다. 이때 순간적 파악이란, 오랜 시간을 응축한 '충만한 현재형'으로서의 시간 예술적 행위일 것이다. 이처럼 김미정 시인이 구성하는 시적 언어는, 감각적 충실성에 의해 사실적으로 재현되지 않고, 그 이면에 오랜 시간을 쌓은 경우가 훨씬 많다. 곧 그녀의 시선에 포착된 풍경은 실재로서 존재하는 것이 아니라, 오랜 시간에 의해 매개되어 있는 상상적인 것들인 셈이다. 그 상상적 자의식의 성취가 단연 우뚝하고 아름답다.

6. '바다'에서 찾아가는 삶의 길과 문양

원래 한 편의 서정시 속에 표현된 자연 형상은 그 물질성 자체로 존재하지 않고, 거기에 시인이 자연이라는 대상을 인간화하려 한 흔적이 나타나 있게 마련이다. 또한 그것은 시인의 삶과 긴밀한 유추적 연관성을 가지는 것이기도 하다. 그러한 점에서 김미정 시인의 작품 속에 깊이 착색된 자연 형상은, 옹색한 관조 대상으로 있는 것이 아니라, 시인 자신의 삶과 정서가 투사된 대상물(代償物)이기도 하고, 인간 보편의 존재 방식에 대한 성찰을 위한 상관물이기도 하다. 그런데 그녀에게 그러한 시적 뿌리는, 자신의 마음 속에 숨겨둔 '바다'라는 표상으로 줄곧 나타나는 특성을 보인다. 김미정 시인의 이번 시조집은 그렇게 '바다'를 향해 열려 있다.

중심 잃은 구름이 하나 둘 몸을 던져

아스라이 피워 올린
안개꽃 망울망울

들리네, 신들의 낮은 음성
포로가 된
밤바다

서로를 가둔 적 없는 바다와 구름 사이

서로가 넘지 못한

수평과 지평 사이

보이네, 희부연 그 꽃길이
멀어질 듯
닿을 듯
—「해무 속에서 길을 찾다」 전문

'해무(海霧)'는 바다 위에 끼는 안개를 말한다. 우리가 잘 알듯이, '안개' 형상은 김승옥의 단편 「무진기행」에서 가장 탁월하게 상징화된 바 있다. "아침에 잠자리에서 일어나서 밖으로 나오면, 밤사이에 진주해 온 적군들처럼 안개가 무진을 빙 둘러싸고 있는 것이었다. (…) 안개는 마치 이승에 한이 있어서 매일 밤 찾아오는 여귀가 뿜어내 놓은 입김과 같았다."라면서 김승옥은 '안개'의 선명하고도 그로테스크한 이미지를 조형해놓았다. 기형도의 시 「안개」 또한 "아침저녁으로 샛강에 자욱히 안개가 낀다./안개는 그 읍의 명물이다/누구나 조금씩은 안개의 주식을 가지고 있다."라는 표현을 통해, '안개'로 둘러싸인 공간에서 생성하고 소멸하는 욕망에 대한 절망과 분노를 보여준 바 있다. 이렇게 '안개'는 순간적이고 불투명하며 곧 사라져버리는 상징적 속성으로 우리를 감싸고 있다.

김미정 시인은 그 흐릿하고 불투명한 안게 속에서 길을 잃은 게 아니라 오히려 길을 찾았노라고 고백한다. 그렇게 "눈물 속의 길을 두근두근 걷는"(「무섬의 여자」) 시인은 밤바다에서 "신들의 낮은 음성"을 듣고 있다. 어쩌면 바다 위로 낮게 깔리는 '해무'를 신의 음성으로 들었을지도 모른다. 물론 이때 '해무'는, 허공에서 중심을 잃은 구름들이 몸을 던져 "아스라이 피워 올린/안개꽃"을 말한다. 시인은 그 안개꽃의 망울 방울을 뚫고서 "희부연 그 꽃길이/멀어질 듯/닿을 듯" 하는 것을 바라본다. "바다와 구름 사이" 그리고 "수평과 지평 사이"로 길을 찾아 나서면서 말이다. 그렇게 김미정 시인은 "하나 둘 떠나가고 저 홀로 지켜온 바다"(「다시, 묵호」) 위에서 늘 "마음은 바다 쪽으로"(「CABO DA ROCA －로까곶」) 향해 가고 있다.

우리가 키로 서서 바라만 보려 할 때
바다는 모로 누워 말씀에 가 닿으려
겹겹이 무늬를 밀어 들어올린 채석강

해 저무는 외변산 첩첩 쌓인 물결 언덕
풍경이 풍경 속으로 스며드는 그 자리
흐르던 시간이 멈춰 돌아보고 돌아보는

바람은 예까지 와 필사를 도왔으리라
바다가 너른 만큼 다 받아 적었으리라
층층이 깊이를 더해 증거물로 놓인 책
—「채석강 백서」 전문

'채석강(採石江)'은, 변산 서쪽 격포항 오른쪽에 있는 층암절벽과 바다를 총칭하는 지명이다. 이태백이

술 마시며 놀았다는 중국 채석강과 흡사하다고 하여 '채석강'이라는 이름으로 불리게 되었다고 전한다. 시인은 오랜 시간 "겹겹이 무늬를 밀어 들어올린 채석강"에서, 바다가 "모로 누워 말씀에 가 닿으려" 한 집념을 읽어내고 있다. 오랜 시간 바다는 '말씀'을 향해 포복을 지속해온 것이다. 이때의 '말씀'은 단순한 언어가 아니라 우주론적 언어 곧 대문자 '언어(Words)'일 것이다. 그 신성한 말씀을 들으며 시인은 해질녘 외변산에서 풍경이 풍경 속으로 스며드는 순간에, "흐르던 시간이 멈춰 돌아보고 돌아보는" 것을 바라본다. 그때 바람은 필사(筆寫)를 돕고 바다는 그것을 충실하게 받아 적었을 것이다. 그 필사의 오롯한 결실이 바로 '채석강'이라는 "층층이 깊이를 더해 증거물로 놓인 책"인 셈이다. 이때 우리는 채석강의 외관이 마치 책을 쌓아놓은 듯이 보이는 점이 수렴되고 있다는 것을 강조할 수 있다. "스스로를 뒤집어야 썩지 않는 그 바다"(「꼬막」)는 그렇게 역동적으로 백서의 문양(文樣)을 만들어낸 것인데, 이때 '백서'란 가장 아름답고도 신비로운 '백서(帛書)'이자 오랜 시간과 과정을 기록한 '백서(白書)'이기도 할 것이다.

이처럼 김미정 시인은 '바다'의 육체와 시간 속에 각인된 경험을 통해 삶을 반성적으로 반추해보기도 하고 새로운 세계에 대한 잔잔한 열망을 표현하기도 한다. 그만큼 시인에게 '바다'란 새로운 깨달음과 반성적 사유를 통해 삶과 사물의 의미를 재발견하는 데 커다란 의미를 적극 부여해준다. 이렇듯 김미정 시편은 바다의 안개 속에서, 바다의 문양으로, 스스로를 탐구하고 성찰하는 자기 확인의 에너지를 얻어간다. 그런데 이러한 시인의 자기 탐구가 직접적인 내면 토로의 형식으로 이루어지는 것은 결코 아니다. 오히려 시인은 바다에 대한 정밀하고도 따뜻한 경험을 통해 바다에게로 한껏 나아갔다가 다시 구심적 귀환을 치르는 과정을 일관되게 밟아가기 때문이다. 다시 말하면 '바다'에서 찾아가는 삶의 길과 문양을 통해 '바다'에 대한 발견과 묘사를 수행하고 난 후, 그것을 다시 자신의 내면과 유추적으로 연결시키는 작법(作法)을 견고하게 지키고 있는 것이다. 그 점에서 김미정은 직정적인 발화를 지양하면서 섬세한 은유적 사유 방식을 보여주는 시인이라고 말해도 좋을 것이다.

7. 김미정 시조의 미래를 위하여

말할 것도 없이, 우리는 '시조'가 정형 양식으로서 가지고 있는 선험적 규정을 구심적으로 지켜가야 한다고 생각한다. 물론 이는 자수를 충실하게 고집하라는 허망한 췌언이 아니다. 종장 첫 마디가 3음절이고 그 다음이 5음절 이상이라는 규정은 변하지 않겠지만, 시조는 이 느슨한 구속 안에서 더 큰 자유를 누릴 수 있다는 역설을 이미 충분히 누리고 있기 때문이다. 다만 이는 최근 씌어지는 일부 작품에서 무분별하게 율격을 파괴하여 자유시와 구별하기 힘들 정도의 시도가 보이기도 하는데, 그것이 과연 미학적 필연성을 가지는 것인지 자성해보아야 할 것이라는 뜻이다. 여전히 독자의 입장에서는 '시조'만의 고유한 기대 지평을 가지고 시조를 읽게 마련일 터이니, 그 점에서 시조는 자유시가 율격을 등한시하고 무분별하게 구조를 열어놓은 데 대한 단호한 반작용으로서의 구심력을 지켜야 한다는 것이다. 김미정 시조는 이러한 불가피한 양식적 요구에 대해 실물적 구체로 응답하는 세계라 할 것이다.

이처럼 김미정 시인은 이번 시조집에서 시조의 양식적 구심을 통해 원초적인 '시의 시간'을 구축해간다. 앞에서 보았듯이 그녀는 남다른 기억을 재현하고, 그 기억과 힘겹게 싸우거나 화해하면서, 그 기억에 '암시적 영속성'을 부여하려는 서정시의 보편적 지향을 선명하게 보여준다. 이처럼 한 영혼의 오래고 오랜 기억을 기록해온 양식으로서의 김미정 시조는, 인간의 삶이 이성에 의해 선조적(線條的)으로 일사불란하게 진화하는 것이 아니라, 그렇게 구축된 관념들을 넘어서면서 새로운 상상적 질서를 재구축하는 과정임을 선연하게 보여준다. 김미정 시인은 이러한 서정시의 오랜 규정을 가멸차게 충족하면서, 약화해가는 서정의 진가(眞價)를 회복하려는 고전적 열망을 한껏 드러낸 것이다. 특별히 우리가 잃어버린 가장 종요로운 삶의 지표(指標)들을 정성스럽게 복원함으로써, 그녀는 우리 시대의 불모성과 실용주의적 기율에 대한 미학적 항체를 아름답게 자임하고 있는 것이다.

그동안 시조는 자연 완상(玩賞)이나 정신 각성의 양상을 많이 담아왔다. 그래서인지 동시대의 구체적 삶에 대한 형상화가 상대적으로 취약했던 것이 사실이다. 김미정 시학 역시 사회적 구체성보다는 원형적 보편성을 더 많이 추구해왔다고 할 수 있다. 존재의 근원에 대한 보편적이고 원형적인 사유로 명명될 수 있는 그 세계는, 기억과 그리움의 에너지를 통해 다양하고도 심원한 형상을 얻어왔다. 그만큼 그녀는 자신의 원체험(原體驗)을 기억하면서, 이제는 그러한 시간을 되돌릴 수 없다는 그리움을 노래해온 것이다. 그래서 우리는 김미정 시학의 미래에, 근원 지향의 상상력과 함께, 다양한 현실적 파열음이나 비극성 혹은 그것으로 인한 사회적 소외 양상이 형상적으로 얹히길 기대해본다. 그때 김미정 시조는 정형 양식의 구심적 옹호와 함께, 자유시와도 현저하게 구별되는 시조만의 정체성을 형성해갈 것이니까 말이다. 김미정 시조의 미래가 이러한 기율과 본령의 범례(範例)로 남게 되길 거듭 희망한다. 그녀의 뚜렷한 미학적 역량과 따뜻한 마음은 충분히 그것을 가능하게 할 것이다.

결국 우리는 김미정 시조를, 자유시가 지워버린 어떤 양식적 구심을 회복하면서 '시적인 것'을 고양해간 세계로 이해할 수 있을 것이다. 그래서 우리는 '시적인 것'을 찾아가는 심미적 기억과 자의식을 선명하게 보여준 이번 시조집이, 우리 시대의 시조를 향한 숱한 과제들에 대한 충실한 답변이 될 것을 믿는다. 그만큼 그녀 시편은 정격(正格)의 발화와 형상으로 가득한 시조의 미학적 가능성으로 충일하다고 할 수 있다. 그 가능성이 한동안 우리 시조시단을 출렁이게 할 것이다. 그리고 우리는 이번 시조집을 닫고 넘어서면서 그녀가 펼쳐갈 다음의 시적 역정을, 마음 깊이, 소망하고 기대하고자 한다.